Deutsch als Fremdsprache
Lektüre

Claudia Peter

Testament mit Hund

Niveau A1

Verlag Liebaug-Dartmann

1. Auflage 2013, Meckenheim
ISBN 978-3-922989-84-4

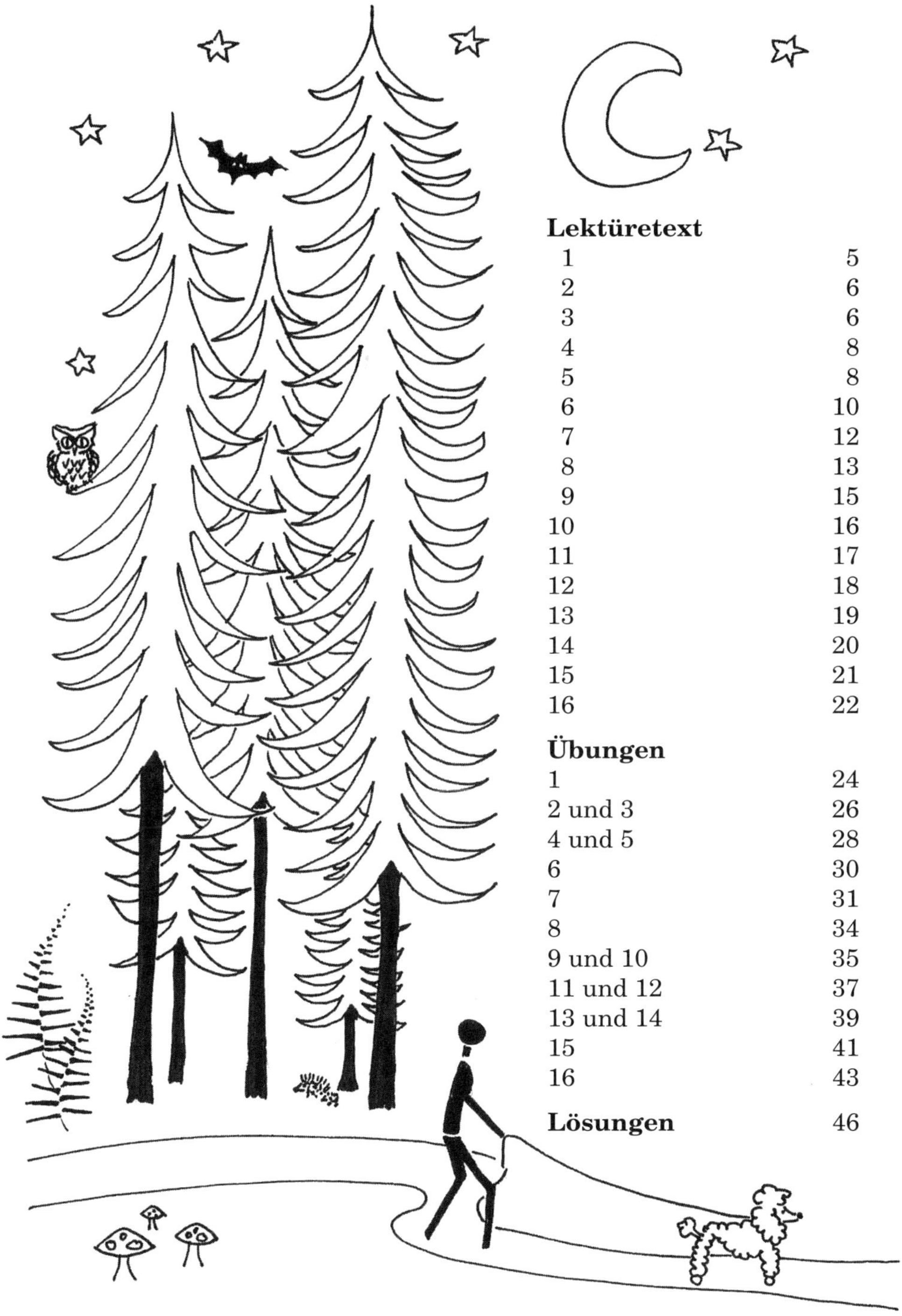

Lektüretext

Übungen

Über die Autorin

Claudia Peter, Germanistin und Kunsthistorikerin aus Stuttgart, lebt seit 1990 als Journalistin, Übersetzerin und Hochschuldozentin an der spanischen Mittelmeerküste. Unter anderem engagiert sie sich in der Deutschlehrerfortbildung. Von ihr ist bei Liebaug-Dartmann bereits die A1-Lektüre „Urlaub intensiv" erschienen (ISBN 978-3-922989-83-7).

1

Svenja und Jan Fröhlich – das ideale Paar: attraktiv, intelligent und sehr verliebt. Ihr Leben ist pure Idylle. Emotional und finanziell – alles wunderbar! Private Probleme kennen der Psychotherapeut und die Kosmetikerin, momentan Hausfrau, nicht. Beide essen am liebsten Kartoffelpüree mit Muskatnuss, lieben lange Wanderungen in der Natur und sehen gern Filme. Ihr Hobby ist Jazz-Musik: Er spielt Saxofon, sie Klarinette – beide improvisieren gern. Manchmal tanzen sie Tango zu argentinischer Musik. Manchmal spielen sie Minigolf. Streit und Konflikte existieren im Leben von Svenja und Jan nicht. Sie können über alles sprechen und lachen. Zwei Menschen – eine Lebensphilosophie. Svenja und Jan sind das perfekte Team. Sie kochen und essen zusammen. Sie wohnen in der schönen, süddeutschen Kleinstadt Calw – der Stadt von Hermann Hesse (Nobelpreis für Literatur 1946). Manchmal fahren sie nach Freudenstadt und genießen auf der Aussichtsplattform in 25 Meter Höhe auf dem Friedrichsturm, nur zirka einen Kilometer vom Zentrum der Stadt entfernt, das Panorama. Der Blick auf die hübsche Stadt und den Schwarzwald ist fantastisch. Svenja und Jan lieben diesen Turm. Zwei Menschen – ein synchrones Leben. Sie wandern zusammen. Sie gehen zusammen ins Kino. Sie machen zusammen Musik. Sie improvisieren zusammen Jazz. Sie tanzen zusammen Tango. Sie spielen zusammen Minigolf. Sie streiten nie. Sie sprechen über alles. Sie lachen zusammen. Sie steigen zusammen auf den Friedrichsturm. Svenja und Jan – die totale Harmonie. Sie sind Mann und Frau, Freund und Freundin … Liebe ohne Ende.

2

Es ist der 3. Oktober, Nationalfeiertag: der Tag der Deutschen Einheit. Das Wetter ist fantastisch. Ein wunderschöner Herbst in Calw und im ganzen Schwarzwald. Die Sonne scheint. 23 Grad. Touristen aus aller Welt besuchen das Hesse-Museum. Svenja und Jan sitzen in ihrem schönen, großen Garten auf der Terrasse, trinken Kaffee und essen Brezeln mit Butter. Sie wohnen am Rand der hübschen Kleinstadt. Viele Bäume sind rot und gelb, die Tannen grün. Wir sind jetzt 2 Jahre verheiratet und ich liebe Jan wie am ersten Tag, denkt Svenja. Und exakt in diesem Moment sagt ihr Mann: „Ich liebe dich wie am ersten Tag.“ Svenja lacht: „Ich denke etwas, du sagst es. Kannst du meine Gedanken lesen?“

„Logisch! Ich weiß alles. Ich bin Psychotherapeut.“ Er nimmt seine Tasse und trinkt.

„Oh, Achtung, Risiko!“, sagt Svenja ironisch und lacht.

„Das größte Risiko ist die Angst vor dem Risiko.“ Jan lacht auch und küsst Svenja.

Das Telefon klingelt. Jan steht auf und geht ins Haus. Nach ein paar Minuten kommt er wieder in den Garten. Er sagt nichts. Svenja versucht in seinem Gesicht zu lesen. Aber der Psychotherapeut macht ein perfektes Poker-Face.

3

„Und? Sag schon! Wer ruft uns am Feiertag um 3 Uhr an?“ Svenja ist neugierig.

„Was denkst du?“

„Keine Ahnung. Ein Patient mit Panikattacken am Feiertag, weil sein Hamster tot ist? Oder eine paranoide Patientin, die am 3. Oktober um 3 Uhr 3 Personen anrufen muss?“, sagt Svenja amüsiert.

„Hoppla! Ein bisschen mehr Respekt vor meiner Arbeit und meinen Patienten. Etwas Pietät, okay?“ Jan lacht.

„… oder ein akuter Fall von Familiendrama: Ach, Herr Doktor, ich hasse meinen Mmmmann. Ich brauche den idealen Mmmmord, das ideale Mmmmordinstrument – einen Mmmmord ohne Indizien. Das Mmmmordmotiv habe ich.“

„Stop! Ich glaube, du hast zu viel Phantasie.“

„Dann war es meine Mutter.“

„Nein. Ein Notar aus Österreich.“

„Was? Was will der von uns? Hast du Probleme?“

„Nein. Keine Probleme.“

„Was dann? Sag schon.“

„Meine Tante Gaby in Wien ist tot.“

„Du hast eine Tante?“

„Ja. Gaby ist … äh … war die Schwester meines Vaters. Sie hatte ein deprimierendes Leben: keine Familie, keine Freunde. Menschen haben sie nicht interessiert. Auch wir hatten die letzten zehn Jahre keinen Kontakt …, alte Konflikte in der Familie.“

„Zehn Jahre keinen Kontakt? Alte Konflikte in der Familie? Und warum kontaktiert der österreichische Notar jetzt dich?“

„Gaby hat keine Kinder und sie hat nie geheiratet. Sie hatte keinen Menschen.“

„Arme Gaby! Und jetzt ist sie tot.“

„Wir müssen nach Wien fliegen. Die Beerdigung ist in drei Tagen. Sie hat keine Familie – nur mich.“

„Okay, Jan. Ich suche Flüge im Internet.“ Svenja steht auf, geht ins Haus und macht den Computer an. Jan geht in die Küche, holt sich ein Bier aus dem Kühlschrank und geht wieder auf die Terrasse. Er denkt an Tante Gaby.

4

„Küss die Hand, gnädige Frau! Habe die Ehre, Herr Fröhlich! Willkommen in Wien." Mit viel Charme spricht Notar Glaubtreu wienerisch.

„Grüß Gott, Herr Glaubtreu!", antwortet Jan süddeutsch und österreichisch zugleich.

„Bitte, nehmen Sie Platz." Der Notar zeigt auf zwei Stühle in seinem Büro.

„Warum sind wir hier?", fragt Jan.

„Das Testament – der letzte Wille – von Gaby Fröhlich."

Jan versteht nicht. „Testament? Meine Tante hatte nichts."

Der Notar lacht. „Oh, doch." Mit stark Wiener Akzent liest er im Testament:

„Mein Neffe Jan Fröhlich bekommt alles – meine Immobilien und rund fünfhunderttausend Euro des Bankkontos".

„Die gute Tante Gaby", sagt Svenja. Und Jan: „Erbe ich alles?"

„Ja. Sie erben alles: Geld, Immobilien und … den Hund."

„Den Hund?", fragt Jan.

„Richtig, alles inklusive Hund Locke. Sie bekommen die Immobilien und das Geld, aber Sie müssen den Hund nehmen. Wenn Sie Locke nicht wollen, kommt das Tier in eine Luxus-Hundepension, an die dann auch das Geld und die Immobilien gehen. Und Sie bekommen nichts. Alles oder nichts – der letzte Wille Ihrer Frau Tante."

5

„Bekommen wir alle Immobilien und das Geld, wenn wir den Hund nehmen? Kein Problem!", antwortet Svenja spontan.

„Aber ich mag keine Hunde", erklärt Jan.

„Ach, wissen Sie, das ist bei meinem Mann normal – eine absurde Reaktion unter Schock“, lügt Svenja. „Mein Mann liebt Hunde. Ein Hund bringt frischen Wind in unser Haus.“

„Ich hatte noch nie einen Hund“, meint Jan.

„Die Details“, sagt Notar Glaubtreu, „also, die Regeln und Kontrollen, hat Ihre Tante testamentarisch klar definiert.“

Liste von Gaby Fröhlich

Alles für Hund Locke und Hundehalter Jan

Punkt 1: Locke wohnt bei Jan, der dem Hund viel Liebe gibt.
Punkt 2: Locke lebt bei Jan in konsequenter Hierarchie mit klaren Regeln in guter Atmosphäre.
Punkt 3: Jan muss jeden Tag mit Locke spazieren gehen und mindestens eine Stunde eine Aktivität wie Dog Dancing, Agility, Obedience, Hunde-Frisbee, Flyball, Nordic Walking mit Hund, Disc Dogging, Trickdogging ... machen.
Punkt 4: Nur Gourmet-Bio-Natur-Fressen und bestes Mineralwasser für Locke.
Punkt 5: Einmal pro Woche Baden und Hundefrisör.
Punkt 6: Am Wochenende immer Aktivitäten mit Locke.
Punkt 7: Locke schläft neben Jans Bett.
Punkt 8: Locke hat ein eigenes Sofa im Wohnzimmer.
Punkt 9: Wenn es Probleme gibt, arbeitet ein Hundetrainer mit Jan und Locke.
Punkt 10: Supervision und Kontrolle von Tierarzt und Tierschutzorganisation zur Einhaltung aller Punkte.

„Alle Punkte dieser Liste sind obligatorisch. Andernfalls kommt Locke in die Luxus-Hunde-Pension und Geld und Immobilien gehen an die Direktion dieser Pension.“

Der Notar sieht Jan an.

„Kein Problem!“, sagt Svenja wieder.

„Ein Hund? Ich weiß nicht. Ein Hund macht viel Arbeit. Und Tante Gabys Punkteliste finde ich extrem.“

„Ach, das sind doch Banalitäten.“ Svenja lacht.

Jan ist nervös: „Spaziergänge, Aktivitäten, ... volles Programm. Das kann ich nicht. Ich habe einen Beruf. Ich arbeite von Montag bis Freitag als Psychotherapeut.“

„Ach, komm Jan! Andere Leute haben Kinder, arbeiten und haben Hunde.“ Svenja ist optimistisch.

„Ich weiß nicht. Und immer Kontrollen? Ich sehe da ein Problem für unsere Privatsphäre. Äh ... Minigolf, Tango und so.“ Jan ist konfus.

„Ach was! Ein Hund ist doch kein Problem. Ein Hund macht das Leben schön. Wir wandern mit Locke“, sagt Svenja zu Jan; und zu Notar Glaubtreu: „Wir nehmen den Hund ... und, äh, das Geld und die Immobilien natürlich auch.“

Der Notar schaut Jan an: „Und Sie? Was meinen Sie, Herr Fröhlich? Nehmen Sie das Erbe an?“

„Ja, mein Mann möchte den Hund haben. Und er nimmt das Erbe an“, sagt Svenja.

6

„Moment, Moment, Moment. Was für eine Rasse ist denn dieser Locke?“, fragt Jan.

„Hier! Ein Bild.“ Der Notar zeigt ein Foto. Jan sieht nur eine schwarze Nase, zwei blaue Augen und viele, viele graue Locken wie die Perücke von Sonnenkönig Ludwig XIV. in Versailles. Ein Hund im Stil des Barock und mit grammatikalisch falschem Namen, denn es ist *die Locke*. Aber weil er keine Hündin sondern ein Hund ist, heißt er „der Locke“.

„Ein Pudel – wie süß.“ Svenja demonstriert Euphorie.

„Ich und ein Pudel? Ich weiß nicht.“ Jan zögert.

„Pudel sind freundlich und intelligent“, sagt der Notar.

„Genau!“ Svenja denkt an die vielen Sachen, die sie sich von Tante Gabys Geld kaufen kann.

„Aber Pudel machen enorm viel Arbeit. Jede Woche zum Friseur! Ich persönlich gehe alle 8 Wochen …“

„Mensch Jan, ein Hund ist doch super.“ Svenja fixiert Jan mit großen Augen und versucht ihn zu hypnotisieren.

„Und wenn er sehr aktiv ist und alles kaputt macht? Die Wohnung, den Garten, das Auto …“

„Ach Jan, bitte nicht! Du bist immer so pessimistisch“, insistiert Svenja.

„Nein, ich bin Realist. Ein Hund bedeutet Stress. Spaziergänge, Hundesport … Ich kann das nicht. Und ich will das nicht.“

„Aber Liebling, wir machen alles zusammen – wie immer. Locke ist unser neues Hobby. Und er isst sicher auch gern Kartoffelpüree“, versucht es Svenja mit einer Extradosis Humor. Sie lacht.

Jetzt lacht Jan auch.

„Nun, was sagen Sie, Herr Fröhlich?“, fragt der Notar und sieht auf die Uhr. „Ich habe leider nicht viel Zeit.“

Jan sieht Svenja an. Nach einer kleinen Pause zitiert er Hermann Hesse: „Man muss das Unmögliche versuchen, um das Mögliche zu erreichen.“

„Und was bedeutet das konkret, Herr Fröhlich?“

„Herr Glaubtreu! Ich nehme das Erbe an.“

7

„Neeeeiiiiiin, Locke – aus!“, ruft Svenja. Zu spät. Die schöne Vitrine, der Stuhl und die teure Vase sind kaputt. Svenja verliert die Nerven. Sie schlägt den Hund. Locke bellt aggressiv.

„Mimose – Tante Gaby ist tot. Jetzt wohnst du hier und machst, was ich sage, du Inkarnation von Unordnung und Chaos! Verstanden?“, brüllt die Hausfrau.

Der Hund läuft Amok. Svenja ist extrem nervös. Sie macht die Tür zur Terrasse auf: „Raus, in den Garten, du blöde Bestie!“ Der Pudel bellt. Svenja reagiert hysterisch. „Du kleiner Macho!“ Ein Tritt mit dem Fuß – und Locke sitzt auf der Terrasse. Und da bleibt er den Rest des Tages. Svenja geht in die Stadt shoppen. Sie liebt Klamotten und Kosmetik, Boutiquen und Cafés.

Am Abend sitzt Svenja auf dem Sofa und lackiert ihre Finger- und Fußnägel lila, als Jan nach Hause kommt. „Wo ist Locke?“

„Im Garten!“

Jan macht die Tür zur Terrasse auf. Locke freut sich und ist kein bisschen aggressiv. Svenja explodiert: „Drei Monate ist Locke hier und unser Leben ist ein Chaos. Er macht alles kaputt. Dieser Hund ist ein Monster.“ Svenja ist sehr nervös: „Die blöde Bestie bleibt im Garten! Ich kann und will nicht mehr. Tante Gabys Hund ist ein Tyrann. Er ist aggressiv und ruiniert unsere Wohnung … Locke hat keine Disziplin … Und er ist hässlich. Ich möchte einen unkomplizierten Hund, mit dem ich shoppen gehen kann, und über den die Leute sagen: ‚Ach, wie süß!‘ “

„Wart ihr im Park spazieren?“, fragt Paul.

„Nein! Was denkst du denn? Die Hausarbeit – ich habe keine Zeit.“

„Aber der Hund braucht Bewegung und Kontakt zu anderen Hunden. Er muss spielen und laufen."

„Der Hund, der Hund, der Hund! Und wer denkt an mich? Die Spaziergänge mit Locke sind schrecklich. Ich kann ihn nicht kontrollieren und habe einen Puls von 200. Er attackiert alle Leute und Hunde."

„Nein, das macht er nicht. Ich gehe mit Locke ohne Probleme spazieren."

„Ach, jetzt bin ich das Problem. Interessant!"

„Svenja, keine Panik! Lass uns nach dem Abendessen in Ruhe über alles sprechen. Ich gehe jetzt eine halbe Stunde mit Locke in den Park. Machst du Kartoffelpüree?"

„Alles klar, mit viel Muskatnuss. Bis später."

„Komm Locke, wir gehen spazieren." Jan nimmt die Leine und geht mit dem Pudel in den Park.

Jan setzt sich auf eine Bank, Locke spielt mit einem Dobermann. Locke ist sehr aktiv, aber er ist kein Monster, denkt Jan. Er ist ein Hund. Ein ganz normaler Hund.

8

Nach dem Abendessen sitzen Svenja und Jan auf dem Sofa. Sie trinken Rotwein. Locke schläft neben Jan.

„Wir müssen die Sache objektiv sehen", sagt Jan. „Wir haben die Immobilien und das Geld von Tante Gaby – und wir haben Locke. Kein Locke – kein Erbe. Die Situation muss sich normalisieren oder …"

„Locke muss im Garten wohnen. Ich will und kann keinen Tag länger mit diesem Monster in der Wohnung leben. Dieser Hund hat zwei Persönlichkeiten: total lieb, wenn du da bist, und schrecklich, wenn du nicht da bist." Locke brummt.

„Svenja, keine Panik! Du musst die Initiative ergreifen und mit Locke trainieren."

„Klar! Und du bist ein Ass in Hundepädagogik!“, sagt Svenja voll bitterer Ironie.

„Nein, aber als Psychotherapeut weiß ich: Ein Hund braucht eine klare Hierarchie. Die Familie ist sein Rudel. Wir sind die Chefs und Locke hat unsere Regeln zu respektieren. Wir müssen dominant sein, aber kontrolliert dominant, nicht aggressiv. Aggressivität ist immer unkontrolliert. Und auf Nervosität und Aggressivität reagieren Menschen und Tiere mit Nervosität und Aggressivität. Und das ist fatal.“

„Ja, das finde ich auch fatal. Ich spreche ganz ruhig mit Locke, aber er versteht mich nicht. Er reagiert nicht oder er läuft Amok und macht alles kaputt. Er mag mich nicht.“

„Ach was! Du nimmst alles persönlich. Aber er ist ein Hund. Er reagiert instinktiv. Er denkt nicht. Deine Kommunikation mit Locke funktioniert nicht. Tiere verstehen deine Worte nicht, aber sie verstehen deine Energie. Du musst positive Energie haben, das heißt, konsequent aber cool sein. Du musst das Tier nur kurz und klar korrigieren, wenn es etwas falsch macht. Ohne viele Worte. Nur konkrete Kommandos.“

„Kurz korrigieren – hahaha! Locke reagiert auf keine lange und auf keine kurze Korrektur.“ Locke hebt den Kopf.

„Doch. Wenn ich ihn korrigiere, funktioniert es.“

„Klar! Du bist ja auch Supermann, der perfekte Hundeexperte, Doktor Psycho. Und ich bin hier der Idiot.“ Locke brummt.

„Bitte, Svenja!“

„Stimmt doch! Ich bin nervös, ich bin aggressiv … Ich bin schrecklich, und der Hund ist fantastisch.“ Locke fixiert Svenja mit großen Augen.

„Nein. Aber ich habe Psychologie studiert, und Mensch und Tier haben Instinkte und ganz logische Reaktionen. Wenn du mit Locke trainierst, mit klaren Gesten und guter Energie, konsequent Kommandos gibst und du den Hund korrigierst, akzeptiert er dich als Chefin. Du kannst mit ihm über positive Energie kommunizieren. Hundert Prozent!“

„Gute Energie, schlechte Energie – Scheiß Esoterik!“

„Das ist keine Esoterik, das ist Psychologie. Und es ist logisch. Mit Konsequenz geht alles. Ein simples Ja oder Nein – und der Hund versteht. Ja ist ja und nein ist nein. Arbeite mit Locke und du …“ Jan animiert Svenja es zu probieren. Locke schläft.

„Ich will aber nicht mit Locke trainieren. Ich will keinen Locke, der wild alle Leute und andere Hunde attackiert und …“ Locke starrt Svenja an.

„Er attackiert alle, weil du nervös bist und negative Energie hast. Er übernimmt deine negative Energie und projiziert sie auf Menschen und Tiere.“

„Das ist mir alles egal! Alles viel zu kompliziert. Scheiß Locke! Ein Hund muss mich akzeptieren, wie ich bin – und Punkt! Möchtest du auch etwas essen?“, fragt Svenja, steht auf, geht in die Küche und kommt mit Kartoffelpüree zurück.

9

Sie essen den Rest des Kartoffelpürees. Jan ist noch immer optimistisch und denkt, Svenja braucht nur eine logische Erklärung und neue Impulse. Er sagt: „Also, das ist wie in einer Familie. Die Eltern müssen streng sein, klare Regeln aufstellen und Autorität haben. Aber ruhige Autorität ohne Nervosität. In der Ruhe liegt die Kraft, sagen die Buddhisten. Du musst es nur ausprobieren. Und du musst es wollen.“

„So, bist du jetzt Buddhist?“, fragt sie amüsiert.

„Ein bisschen Buddhismus – warum nicht? Aber das ist nicht das Thema. Du musst mit dem Hund trainieren. Und ich sage dir: Er lernt extrem schnell – echt faszinierend.“

„Phänomenale Idee! Ich kann das nicht. Alles ist relativ. Für dich ist der Hund kein Problem, für mich ist er ein Problem, und kein kleines! Ich will dieses Monster auf Distanz haben. Und basta! Möchtest du noch ein Glas Wein?“

Jans Toleranzreserven sind auf dem Nullpunkt. Er möchte mit Svenja keine Konversation mehr machen. „Nein, danke! Ich gehe mit Locke in den Park.“

10

Im Park wirft Jan einen Ball und Locke apportiert. Danach trainieren die beiden. Jan sagt „Fuß“, geht los und Locke geht links neben ihm. Beim Kommando „Sitz“ – Zeigefinger nach oben – setzt sich der Pudel, beim Kommando „Platz“ – Hand horizontal – legt er sich hin, beim Kommando „Steh“ – Hand vertikal – bleibt er stehen und wartet. Aber Jan geht weiter. Nach 30 Metern stoppt er auch und wartet ein paar Minuten. Auf das Kommando „Hier“ rennt Locke zu Jan und bekommt ein Stückchen Wurst. „Super Hund! Gut gemacht! Intelligenter Locke! Prima! Du bist ein Naturtalent. Kompliment, Locke!“ Jan freut sich und streichelt den Hund. Da hört er großen Applaus: „Bravo! Super Team! Wann ist das Examen?“, fragt die Frau mit dem Dobermann und lacht. „Wir machen kein Examen. Aber Locke ist erst 3 Monate bei uns und wir müssen Freunde werden. Und das geht nur, wenn die Hierarchie klar ist – auch bei einem Pudel“, sagt Jan.

„Richtig! Hunde – große und kleine – möchten wissen, wer der Chef ist. Wenn man nicht konsequent ist, denken sie, sie müssen der Chef sein. Dann haben sie Stress und reagieren aggressiv und chaotisch“, sagt die Frau. Locke und der Dobermann spielen zusammen.

„Lassen wir sie spielen! Soziale Kontakte sind sehr gut für Hunde. Setzen wir uns?“, fragt Jan und zeigt auf eine Bank. Sie setzen sich.

„Ich bin Jan Fröhlich und das ist Locke.“

„Locke spielt mit Fred und ich heiße Tara Leicht.“

„Schön wie unsere Hunde spielen, nicht wahr?“

„Ja! Gute Hunde. Sind Sie oft hier?“, fragt Jan ganz direkt.

„Ja, jeden Tag morgens und abends. Und am Wochenende machen wir Agility und Dog Dancing im Verein ‚Hundeglück‘. Kommen Sie doch auch! Da sind sympathische Hunde und sympathische Leute.“ Tara und Jan lachen.

„Okay. Ich muss jetzt gehen. Dann bis Samstagmorgen im ‚Hundeglück‘. Tschüs, Herr Fröhlich.“

„Bis Samstag, Frau Leicht.“ Sie ruft „Hier“ und Fred kommt auf Kommando. „Guter Hund“, sagt sie. „Fuß“, und die beiden gehen aus dem Park.

Jan bleibt noch ein bisschen auf der Bank sitzen. Locke auch. „Komm Locke, wir meditieren ein bisschen.“ Beide machen für fünf Minuten die Augen zu.

11

Svenja und Jan frühstücken. Locke ist im Garten. Am Morgen hat er Svenja attackiert. Der Pudel – ein sensibles Thema, denn Svenja und Locke sind Rivalen.

„Ich nehme Locke heute mit in die Praxis. Ein Experiment! Mal sehen, wie meine Patienten reagieren“, sagt Jan.

Svenja findet die Idee sehr gut, aber sie interessiert ein anderes Thema. „Jan, ich möchte eventuell ein neues Auto. Etwas Sportliches. Meine Freundin Frauke fährt einen Porsche. Mit dem Geld von Tante Gaby …“

„Das Geld von Tante Gaby ist momentan tabu. Wir wissen nicht, bleibt Locke oder muss er in die Luxus-Hundepension.“

„Scheiß Hund. Ist doch alles in Ordnung. Du nimmst ihn immer mit in die Praxis und nachts und am Wochenende ist er im Garten.“

„Und wenn sie das bei der nächsten Kontrolle sehen, dann ist Locke plus Geld und Immobilien im Hundehotel.“

„Du bist immer so pessimistisch.“

„Ich bin realistisch. Und es gibt nur einen Weg: Du musst mit Locke trainieren. Du musst mit dem Hund Disziplin üben. Denn alles ist eine Frage der Kooperation.“

„Ist das dein letztes Wort?“, fragt Svenja.

„Es ist unsere letzte Chance“, sagt Jan.

„Okay. Heute Abend beginne ich das Training im Park“, sagt Svenja.

12

„Siehst du? Er hört nicht. Dieser Hund hat keinen Respekt vor mir. Scheiß Hund. Komm jetzt, Locke!“ Das Training am Abend im Park ist eine Katastrophe. Svenja ist unkonzentriert, konfus und gibt unklare Kommandos. Logischerweise ist Locke auch konfus und hat Stress. Er reagiert nervös und aggressiv. Es ist nicht schwer, Svenjas Antipathie zu registrieren.

„Du musst den Hund führen, nicht der Hund dich. Der Hund will nicht führen. Aber wenn du keine Autorität hast, dann denkt er, es gibt keine Rangordnung und er muss führen.“ Jan will Svenja mit etwas Theorie motivieren.

„Danke, Herr Psychotherapeut. Bin ich jetzt deine Patientin?“

„Nein, natürlich nicht. Entschuldigung! Ich will nur helfen.“

„Okay! Was muss ich machen?“, fragt Svenja ohne wirkliches Interesse.

„Du musst positiv denken. Wenn du negativ denkst, dann hast du negative Energie, und das weiß der Hund“, versucht Jan Svenja zu motivieren.

Aber Svenja blockt ab: „Ah, das weiß der Hund. Super intelligentes Tier! Das sehe ich.“

Jan will optimistisch sein und wiederholt: „Du musst den Hund führen, nicht der Hund dich.“

In ihren eleganten Sandalen will Svenja nicht im Gras laufen. Sie trainiert lieber auf dem asphaltierten Weg.

„Sitz“, sagt Svenja, aber Locke steht. Sie gibt das Kommando „Steh“, aber Locke sitzt.

„Locke hat ein Problem im Kopf“, sagt Svenja.

„Nein. Die Probleme sind in deinem Kopf. Du musst positiv über Locke denken, dann reagiert er auch positiv.“

„Denkt er auch positiv über mich?“, fragt Svenja mit kalter Ironie.

„Hunde denken nicht. Und sie fragen nicht ‚warum‘. Aber egal! Warum spielst du nicht ein bisschen mit Locke? Das mag er.“

Sie versucht mit Locke zu spielen. Aber auch das ist eine Katastrophe. „Ich transpiriere und mein Puls ist auf 200! Aua, mein Finger! Scheiße! Mein Nagel ist kaputt. Stopp! Aus! Ende des Trainings. Ich gehe nach Hause“, sagt Svenja super genervt, „du idealisierst Locke, aber er ist kein Engel.“ Sie läuft weg.

Jan spielt mit Locke Ball. Der Hund apportiert und ist fröhlich. Später sitzen Jan und Locke auf einer Parkbank. Jan Fröhlich ist traurig. Und er ist geschockt. Seine Frau Svenja hat kein Charisma, ist extrem kapriziös, ordinär und kompensiert das Fehlen von Liebe mit Luxus. Eine egoistische Materialistin ohne Herz, denkt Jan melancholisch. Sie liebt Banalitäten. Das ist nicht die Svenja, die er geheiratet hat.

13

Svenja will keine Wanderungen mehr machen. Sie will exklusiv reisen. Sie will nicht mehr ins Kino. Sie will den neuesten und größten Fernseher kaufen. Sie will nicht mehr mit Jan zu Hause Klarinette spielen. Sie will in Jazz-Klubs tolle Leute treffen. Sie will nicht mehr Tango tanzen. Sie will nach Argentinien fliegen und Luxus-Urlaub machen. Sie will nicht mehr Mini-Golf spielen. Sie will Golf spielen. Streit und Konflikte bestimmen das Leben von Svenja und Jan. Sie können über nichts sprechen und lachen. Zwei Menschen – zwei Lebensphilosophien. Svenja mag Locke nicht. Jan mag Locke. „Der Scheiß Hund macht unser Leben kaputt“, sagt Svenja immer. Aber Jan weiß: Nicht der Hund ist das Problem. Durch den Hund sieht er, wie Svenjas Charakter ist. Die große Liebe mit einer wunderbaren

Frau – alles nur Illusion. Jan Fröhlich ist traurig. Er denkt an ein Zitat von Hermann Hesse: „Glück ist Liebe, nichts anderes. Wer lieben kann, ist glücklich." Es ist Jan egal, wenn Svenja geht. Aber Locke muss bleiben. Was kann er machen? Nach ein paar Tagen hat er eine Idee. Eine geniale Idee.

14

Jan kauft eine Hundepfeife. Ein sehr praktisches Instrument für das Hundetraining. Der Ton dieser Pfeife hat eine sehr hohe Frequenz – circa 20.000 Hertz. Hunde können diese Frequenz hören, Menschen nicht. Und das Sensationelle ist: Diesen Ton können Hunde fast in 3 Kilometern Entfernung hören. Enorm! Jan und Locke üben intensiv im Park – ohne Publikum, sehr diskret. Schon nach ein paar Tagen ist der Pudel auf die Pfeife konditioniert. Für den Hund ist die Arbeit mit der Hochfrequenzpfeife ein Spiel. Der Pudel geht links neben Jan an der Leine. Dann pfeift Jan. Exakt auf dieses Kommando gehen beide nach rechts und Locke bekommt ein Stück Wurst. Der Pudel liebt diese Übung. Und bald geht es mit absoluter Perfektion: links neben Jan oder anderswo – ein Pfiff, und der Pudel geht abrupt nach rechts. Egal, wo er ist, egal, wie weit die Distanz zwischen Locke und Jan ist: Wenn Jan pfeift, geht Locke immer ganz schnell im 90-Grad-Winkel nach rechts. Im Park, in der Praxis, auf der Treppe ... Locke macht die Übung perfekt. Wenn Locke bei der Übung links von Jan an der Leine geht, muss sich der Psychotherapeut sehr konzentrieren, um nach dem Pfiff nicht über den Hund zu fallen. Locke ist in Bestform. Er macht das Links-an-der-Leine-Gehen und das 90-Grad-Abbiegen absolut routiniert. Ein für Menschen nicht hörbarer Pfiff – und Locke geht abrupt nach rechts! Ein Phänomen!

„Du kannst im Zirkus arbeiten", sagt Jan zu Locke, „aber das musst du nicht. Du hast genug Geld von Tante Gaby." Locke und Jan sind richtig gute Freunde. Ein super Team. Der Psychotherapeut nimmt den Hund jetzt immer mit in die Praxis und die Patienten mögen den Pudel sehr. „Das ist Locke, mein Assistent“, stellt Jan seinen Hund vor, und die meisten Patienten lächeln. Der Pudel macht sich als Psychotherapiehund sehr gut. Jan und Locke sind jetzt Kollegen. Und sie sind Komplizen.

15

Svenja und Jan frühstücken. Locke muss im Garten bleiben. Der Hund und Svenja sind keine guten Freunde. Auch zwischen Jan und Svenja ist die Atmosphäre nicht ideal. Seit ein paar Wochen leben sie in einem emotionalen Vakuum. Svenja hat neue Freunde und Freundinnen, ist fast nie zu Hause und gibt viel Geld aus. Jans Hobby ist Locke. Die beiden sind oft im Park und treffen Fred und Tara. Die Hunde spielen. Jan und Tara schauen zu und sprechen über Gott und die Welt.

Aber Jan sucht heute beim Frühstück den Kontakt zu Svenja: „Wir müssen reden. Über dich, mich und uns“, sagt Jan, „und wir müssen testen, wie du mit Locke klarkommst. Aber nicht hier. Machen wir am Sonntag eine Tour zum Friedrichsturm wie in alten Zeiten?“

Svenja möchte eigentlich lieber in Boutiquen, zum Frisör, auf Partys gehen. Aber sie braucht Geld. Und Geld gibt es nur, wenn Locke nicht in die Hundepension muss. Sie weiß: Sie muss Energie und Zeit investieren. „Okay. Wir können am Sonntag nach Freudenstadt fahren, mit Locke zum Turm wandern. Ich trainiere dann ein bisschen mit ihm.“

„Und wir machen ein Picknick am Turm – wie in alten Zeiten. Was meinst du?“

„Alles klar! Sonntag! Picknick am Turm“, antwortet Svenja unsentimental, steht auf, nimmt ihre Tasche und fährt mit ihrem Sportwagen in die Stadt. Oh, nein – Jan, dieser Softie, denkt sie. Sie irrt.

Jan holt Locke aus dem Garten. Sie fahren in die Praxis. Nach der Arbeit gehen sie in den Park und treffen Fred und Tara Leicht. Locke spielt mit Fred, Jan flirtet mit Tara. Ein schöner Tag, denkt Jan!

16

Die Sonne scheint. Es ist Sonntag. „Huhu! Wir sind hier oben! Locke läuft super neben mir“, ruft Svenja und winkt mit der rechten Hand. In der linken hält sie Locke an der Leine. Sie steht auf der 25 Meter hohen Panoramaplattform des Friedrichsturms. Viele Leute – vor allem Familien und Paare – sind hier und genießen den Blick.

„Hallo Svenja!“ Jan winkt zurück. Fast ein bisschen melancholisch. Er steht unten. Svenja denkt, er möchte das Picknick vorbereiten. Neben Jan spielt ein Paar mit zwei Kindern Ball.

„Huhu!“, ruft Jan zum Turm und sagt dann zu einem Paar, das 5 Meter von ihm auf einer Bank sitzt: „Meine Frau Svenja liebt das Panorama.“

„Ja, unser Schwarzwald ist sehr schön“, sagt die Frau. Und der Mann: „Wunderbar. Und die Sonne heute – fantastisch. Was will man mehr?“

„Wir wohnen, wo andere Urlaub machen“, sagt Jan, denn er muss ein bisschen Konversation machen. Er arbeitet am Mord ohne Indizien. Dann sieht er wieder zu Svenja hinauf und ruft: „Komm! Wir wollen picknicken.“ Nur noch wenige Minuten, dann … Am Morgen hat er Svenjas linken Wanderschuh präpariert und prophylaktisch mit Wurst eingerieben. Dieses Aroma liebt Locke. Und mit diesem Aroma kann der Hund Svenja an seiner Seite tolerieren.

Und dann geht alles sehr schnell. Er sieht Svenja, die von der Plattform mit Locke an der Leine zur Treppe geht und beginnt, die rund 200 Stufen im Turm nach unten zu gehen.

Die Familie neben Jan spielt Ball. Das Paar auf der Bank packt gerade Brote aus. Die nur vier Zentimeter lange Hochfrequenzpfeife in Jans Hand – und für eine Sekunde an seinem Mund – sieht niemand. Nur der Hund im Turm kann es hören: Jan gibt Locke das Signal.

„Hiiiiiiiiiiiiiiiiiiiiiiilfe!“

„Oh wie schrecklich – eine Frau – auf der Treppe – überall Blut …“ Panik bricht aus.

Jan und alle anderen Leute rennen zum Turm. Locke rennt aus dem Turm zu Jan. An seinem Hals die Leine. Nach 10 Minuten ist der Krankenwagen da. „Es tut mir sehr leid, Herr Fröhlich“, sagt der Notarzt, „ich kann nichts mehr für Ihre Frau tun.“

ENDE

Übungen

Vergleichen Sie die Titel-Collage und die Illustration auf Seite 3:
der Hund / der Mond / die Blume / der Pilz / der Vogel / der Schmetterling / der Stern / der Baum / die Person / die Kette / der Weg
Was sehen Sie auf der Titel-Collage? Was sehen Sie auf Seite 3? Was sehen Sie auf der Titel-Collage und auf Seite 3?

1

Leseverständnis

Eine Antwort ist richtig: ☒

1. Svenja und Jan … a) sind Geschwister. ☐
   b) haben psychische Probleme. ☐
   c) sind verheiratet. ☐

2. Das Paar … a) arbeitet in der Gastronomie. ☐
   b) hat viele Kartoffeln. ☐
   c) trägt den Familiennamen Fröhlich. ☐

3. Jan ist … a) Psychotherapeut. ☐
   b) Kosmetiker. ☐
   c) Koch. ☐

4. Das Ehepaar hat … a) Konflikte beim Minigolf. ☐
   b) keine Probleme. ☐
   c) eine Jazzband. ☐

5. a) Jan lacht über Svenja. ☐
   b) Sie lachen über alles. ☐
   c) Svenja lacht über Jan. ☐

6. a) Der Nachbar von Fröhlichs heißt Hermann Hesse. ☐
   b) Hermann Hesse hat Bücher geschrieben. ☐
   c) Jan hat bis 1946 Literatur studiert. ☐

7. a) Freudenstadt liegt im Schwarzwald. ☐
   b) Das Stadtzentrum liegt 25 Meter hoch. ☐
   c) Jan und Svenja machen auf dem Friedrichsturm Musik. ☐

8. a) Svenjas und Jans Liebe hat ein Ende. ☐
   b) Ihre Liebe hat keine Harmonie. ☐
   c) Svenja und Jan lieben sich sehr. ☐

9. a) Das Paar wandert einen Kilometer. ☐
   b) Das Paar wandert im Stadtzentrum. ☐
   c) Das Paar wandert gern. ☐

10. a) Sie spielen Tangomusik. ☐
    b) Sie tanzen Tango. ☐
    c) Sie sehen zusammen Musikfilme. ☐

Wortschatz

Adjektive und Adverbien: *Suchen Sie die Antonyme.*

hässlich – ______________ / dumm – ______________ / kurz – ______________ /

norddeutsch – ____________________ / allein – _________________________ /

schrecklich – ____________________ / rational – ______________________ /

Syntax

Ordnen Sie die Sätze und schreiben Sie sie in die Tabelle (Verb – Position 2).

a) Svenja / das / Jan / Paar / sind / ideale / und
b) essen / liebsten / Kartoffelpüree / beide / am
c) Tango / manchmal / sie / tanzen
d) können / alles / sie / über / sprechen
e) Freudenstadt / sie / manchmal / fahren / nach
f) Panorama / Paar / das / das / genießt
g) Turm / Svenja / diesen / Jan / und / lieben
h) die / auf / der / fantastisch / Stadt / Blick / ist

	Subjekt	**Verb**	
a	*Svenja und Jan*	*sind*	*das ideale Paar.*
b			
c			
d			
e			
f			
g			
h			

Recherche

1. Suchen Sie im Internet Informationen zu den Themen: Hermann Hesse, Schwarzwald, Calw und Freudenstadt.
2. Viele Bäume im Schwarzwald sind Tannen. Das Lied „O Tannenbaum, o Tannenbaum, wie treu sind deine Blätter“ singt man an Weihnachten. Suchen Sie das Wort „treu“ im Wörterbuch. Warum lautet der Liedtext, „wie treu sind deine Blätter“?

2 und 3

Leseverständnis

1. *Richtig (R) oder falsch (F)?*

		R	F	Korrektur
a	Es ist Sommer und die Sonne scheint.		X	Es ist Herbst.
b	Das Ehepaar wohnt nicht im Stadtzentrum.			
c	Die Bäume sind blau.			
d	Jan sagt, was Svenja denkt.			
e	Jan denkt, Logik ist Psychoterror.			
f	Svenja telefoniert auf der Terrasse.			
g	Jan und Svenja spielen gern Poker.			
h	Ein Hamster hat Panikattacken.			
i	Tante Gaby ruft aus Wien an.			
j	Svenja sucht im Internet Flüge nach Wien.			

Wortschatz

1. *Definitionen: Suchen Sie die Wörter im Text.*

a) Getränk mit Koffein ____________________

b) Leute, die reisen ____________________

c) zum Trinken; oft aus Porzellan ____________________

d) hier sind Augen, Nase, Mund … ____________________

e) kein Arbeitstag ____________________

f) hier kocht man ____________________

2. *Suchen Sie Verben im Text, die das Gegenteil bedeuten.*

a) stehen – ______________ b) hassen – ______________

c) weinen – ______________ d) wissen – ______________

e) finden – ______________

Grammatik

Singular und Plural

1. *Suchen Sie die Formen im Text und schreiben Sie sie in die Tabelle.*

Singular	Plural	Singular	Plural
die Stadt	die Städte		die Gesichter
der Tourist		das Problem	
die Brezel			die Momente
	die Museen	der Freund	
das Jahr			die Männer
	die Tassen	der Flug	
der Gedanke			die Risiken
	die Telefone	das Kind	
die Person			die Häuser
	die Gärten	der Baum	
die Minute			die Notare
	die Schränke	der Konflikt	
die Tanne			die Computer
	die Feiertage	die Panikattacke	
	die Tanten		die Ängste
	die Patientinnen	das Indiz	
der Mensch			die Therapeuten

Wortbildung

2. *Suchen Sie die Verben mit Präfix (trennbar und nicht trennbar) im Text und ergänzen Sie die Sätze.*

a) Jan steht auf ______ und geht ins Haus. **Verb:** aufstehen

b) Svenja ______________ in seinem Gesicht zu lesen. **Verb:** ______________

c) Wer __________ uns am Feiertag um 3 Uhr ______? **Verb:** ______________

d) Svenja ______________, geht ins Haus und ______________

den Computer _____. **Verben:** ______________ und ______________

3. *Ergänzen Sie die Regel.*

Verben mit den Präfixen *auf-* und *an-* sind ________________.

Verben mit dem Präfix *ver-* sind ________________.

4. *Wo steht welches Präfix?*

a) Leute mit Alzheimer ____gessen fast alles ____.

b) Wir ____wachen sonntags immer sehr spät ____.

c) Wir ____stehen sonntags um 10 Uhr ____.

d) Ich ____stehe kein Wort ____.

e) Der Bus ____kommt um halb 8 ____.

f) Samstags ____räume ich immer meine Wohnung ____.

g) Der Apotheker ____kauft Medikamente ____.

h) Tina will fernsehen und ____macht den Fernseher ____.

4 und 5

Leseverständnis

Wer sagt das? Kreuzen Sie an. Notar (N), Svenja (S), Jan (J)

		N	S	J
a	Ein Hund macht viel Arbeit.			X
b	Alles oder nichts – der letzte Wille Ihrer Frau Tante.			
c	Warum sind wir hier?			
d	Kein Problem!			
e	Aber ich mag keine Hunde.			
f	Wir nehmen den Hund.			
g	Küss die Hand, gnädige Frau! Habe die Ehre, Herr Fröhlich! Willkommen in Wien.			
h	Die gute Tante Gaby.			
i	Ich habe einen Beruf.			
j	Bitte, nehmen Sie Platz.			
k	Ein Hund bringt frischen Wind in unser Haus.			
l	Grüß Gott, Herr Glaubtreu!			
m	Ich sehe da ein Problem für unsere Privatsphäre.			
n	Das Testament – der letzte Wille – von Gaby Fröhlich.			

Wortschatz

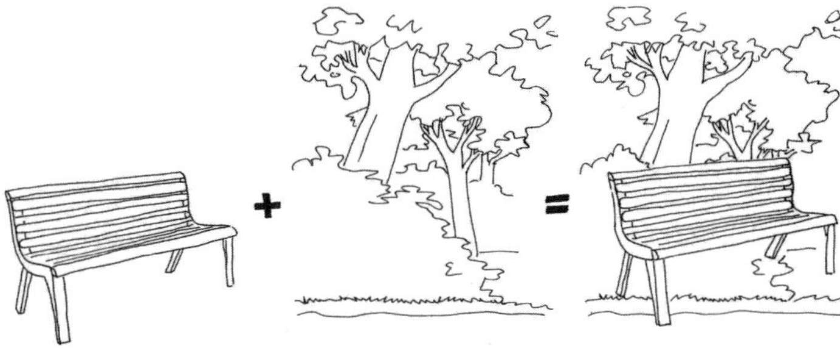

die Bank + der Park = die Parkbank

Verbinden Sie je ein Wort links mit einem Wort rechts zu Komposita.

das Tier	die Pension	
das Mineral	das Ende	
der Hund	der Frisör	
der Tierschutz	das Konto	
die Woche	das Wasser	
die Bank	der Arzt	der Tierarzt
der Hund	die Organisation	

Grammatik

*Ergänzen Sie die Verben **sprechen**, **nehmen**, **lesen**, **mögen**, **wissen**, **schlafen** und kontrollieren Sie dann im Text.*

Mit viel Charme ___________ Notar Glaubtreu wienerisch.

„Bitte, ____________ Sie Platz."

Mit stark Wiener Akzent ______________ er im Testament.

„Aber ich ___________ keine Hunde."

„Ach, ____________ Sie, das ist bei meinem Mann normal – eine absurde Reaktion unter Schock."

Locke ___________ neben Jans Bett.

„Ein Hund? Ich _________ nicht."

„Wir __________ den Hund … und, äh, das Geld und die Immobilien natürlich auch."

„… Und er ____________ das Erbe an."

6

Leseverständnis

Immer 2 Antworten sind richtig: ☒

1. Locke ist …
   a) ein Kaninchen. ☐
   b) eine Perücke. ☐
   c) ein Pudel. ☐
   d) eine Hündin. ☐
   e) grau. ☐

2. Der Notar …
   a) zeigt ein Video. ☐
   b) findet Pudel freundlich und intelligent. ☐
   c) hat eine schreckliche Figur. ☐
   d) zeigt ein Foto von Locke. ☐
   e) ist blau. ☐

3. Svenja versucht …
   a) Jan zu hypnotisieren. ☐
   b) jede Woche zum Friseur zu gehen. ☐
   c) es mit Humor. ☐
   d) pessimistisch zu sein. ☐
   e) eine Perücke zu kaufen. ☐

4. a) Jan und Svenja haben nicht viel Zeit. ☐
   b) Svenja will das Geld von Tante Gaby haben. ☐
   c) Der Notar hat wenig Zeit. ☐
   d) Jan geht etwa zwölfmal im Jahr zum Friseur. ☐
   e) Jan nimmt das Erbe nicht an. ☐

5. a) Der Hund hat eine Locke. ☐
   b) Der Name des Pudels ist grammatikalisch nicht korrekt. ☐
   c) Jan telefoniert mit Hermann Hesse. ☐
   d) Svenja isst eine Extraportion Kartoffelpüree. ☐
   e) Locke hat blaue Augen. ☐

Grammatik

Viele Substantive mit 2 Silben und der Endung *-e* sind feminin:
die Rasse – die Nase – die Locke – die Sonne – die Woche – die Sache – die Pause … **Achtung!** das Auge, das Erbe, das Püree, der Name …

1. *Welche anderen feminine Substantive mit 2 Silben und der Endung -e kennen Sie? Schreiben Sie 12 Nomen.*

   ________, ________, ________, ________,

   ________, ________, ________, ________,

   ________, ________, ________, ________,

2. *Ergänzen Sie* ***ein*** *oder* ***eine*** *–* ***der****,* ***die*** *oder* ***das****.*

a) Pudel sind _____ Hunderasse mit vielen Locken.

b) Jan nimmt _____ Erbe an.

c) Jan hat _____ Frage.

d) Locke hat _____ schwarze Nase.

e) Locke ist _____ Hundename.

f) Svenja trägt _____ Sonnenbrille, denn _____ Sonne scheint.

g) Svenja trägt _____ moderne Bluse.

h) Wann machen wir _____ Pause?

i) Entschuldigung, ist das hier _____ Hermann-Hesse-Straße?

j) Bitte, _____ Flasche Mineralwasser und _____ Dose Bier.

Recherche

„Man muss das Unmögliche versuchen, um das Mögliche zu erreichen" ist ein Zitat von Hermann Hesse.
Suchen Sie im Internet andere Zitate von Hermann Hesse.

7

Leseverständnis

Richtig (R) oder falsch (F)?		R	F	Korrektur
a	Svenja liebt Locke.		X	Svenja hasst den Hund.
b	Der Pudel ruiniert die Wohnung.			
c	Svenja lackiert die Nägel von Locke.			
d	Svenja geht gern mit dem Hund spazieren			
e	Jan spielt mit Locke im Garten.			
f	Das Fenster und die Tür sind kaputt.			
g	Svenja findet Locke nicht schön.			
h	Svenja möchte einen Dobermann haben.			
i	Jan kocht das Abendessen.			
j	Svenja kann den Hund nicht kontrollieren.			

Wortschatz

1. *Wie nennt Svenja den Hund? Suchen Sie 5 Nomen im Text.*

   ____________________ , ____________________ , ____________________ ,

   ____________________ , ____________________ .

2. *Suchen Sie die fehlenden Wörter im Text und schreiben Sie sie in die Tabelle.*

Adjektiv	Nomen	Adjektiv	Nomen
	die Aggressivität	chaotisch	
problematisch			die Schönheit
	das Interesse	monatlich	
panisch			der Tod
	die Nervosität	restlich	
beweglich			die Verspätung
	die Norm	lockig	

Grammatik

1. *Suchen Sie im Text und ergänzen Sie die Negationen.*

   a) Ich kann und will ________ mehr.

   b) Locke hat ________ Disziplin.

   c) Die Hausarbeit – ich habe ________ Zeit.

   d) Ich kann ihn ________ kontrollieren.

   e) „________, das macht er ________. Ich gehe mit Locke ohne Probleme spazieren."

   f) Svenja, ______ Panik!

   g) Locke ist sehr aktiv, aber er ist ________ Monster.

2. *Ergänzen Sie in der Regel* ***nicht*** *und* ***kein/keine/keinen****.*

> Negation von Indefinitartikel: ____________________
> Negation von Verben und Adjektiven/Adverbien: ____________________

3. *Ergänzen Sie* ***nicht, kein, keine*** *oder* ***keinen****.*

Svenja und Jan Fröhlich haben ______ Kinder. Svenja ist ______ Hundefreundin. Sie liebt Locke ______. Sie hat ______ Interesse. Sie hat ______ viel Hausarbeit, aber sie will ______ mit Locke spazieren gehen. Jan versteht seine Frau ______. Er möchte Locke ______ verlieren, denn er hat ______ Problem mit Locke und er möchte Tante Gabys Testament ______ ignorieren. Das Leben von Svenja und Jan ist ______ mehr harmonisch, denn Svenja zeigt ______ Toleranz. Sie respektiert ______, was in Tante Gabys Testament steht. Locke ist ______ der ideale Hund für Svenja.

Und ...

Kochen Sie Kartoffelpüree mit Käse.

1 Kilogramm Kartoffeln	Muskatnuss (gerieben)
1 viertel Liter warme Milch	3 Esslöffel Käse (Emmentaler)
50 Gramm Butter	1 Prise Zucker
1 Eigelb	etwas Petersilie

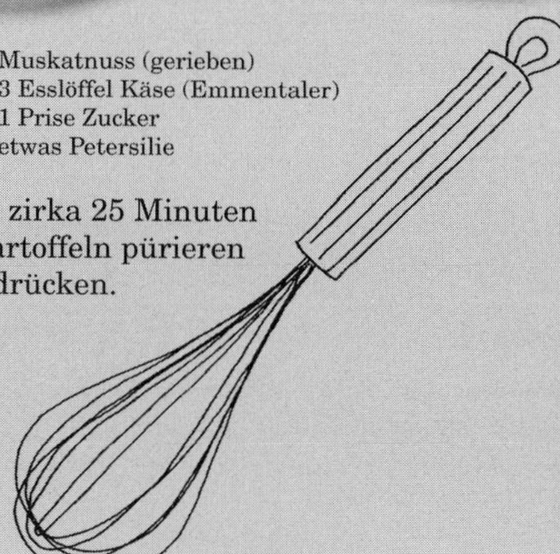

Kartoffeln waschen, schälen und zirka 25 Minuten in Wasser mit Salz garen. Die Kartoffeln pürieren oder durch eine Kartoffelpresse drücken. Dann die Milch, Butter und das Eigelb dazugeben und alles gut mischen. Mit Salz, Zucker, Käse, Petersilie und Muskatnuss würzen. Kartoffelpüree warm servieren.

Leseverständnis

Wer sagt das – Jan (J) oder Svenja (S)? Kreuzen Sie an.

		J	S
a	Deine Kommunikation mit Locke funktioniert nicht.		
b	Ich spreche ganz ruhig mit Locke.		
c	Er reagiert instinktiv.		
d	Locke muss im Garten wohnen.		
e	Mit Konsequenz geht alles.		
f	Ein Hund muss mich akzeptieren, wie ich bin.		
g	Ein Hund braucht eine klare Hierarchie.		
h	Du musst die Initiative ergreifen.		
i	Dieser Hund hat zwei Persönlichkeiten.		
j	Aggressivität ist immer unkontrolliert.		
k	Ich bin hier der Idiot.		
l	Wir müssen die Sache objektiv sehen.		
m	Alles viel zu kompliziert.		
n	Wir sind die Chefs und Locke hat unsere Regeln zu respektieren.		

Wortschatz

Suchen Sie die Antonyme im Text.

böse – __________	lang – __________	inkonsequent – __________
unklar – __________	richtig – __________	kontrolliert – __________
diffus – __________	logisch – __________	unpersönlich – __________
sanft – __________	subjektiv – __________	

Grammatik

Genus

Substantive mit den Endungen *-ik*, *-ung*, *-tät*, *-ie*, *-tur*, *-tion* und *-keit* sind feminin. *Suchen Sie alle Substantive mit diesen Endungen im Text und schreiben Sie sie in die Tabelle.*

-ik	
-ung	
-tät	
-ie	*Immobilie;*
-tur	
-ion	*Situation;*
-keit	

Kennen Sie andere Substantive mit diesen Endungen? Schreiben Sie zu jeder Endung je 5 andere Substantive.

9 und 10

Leseverständnis

Beantworten Sie die Fragen.

a) Wer heißt Fred? ____________________

b) Für wen ist der Hund ein Problem? ____________________

c) Wer macht am Wochenende Agility und Dog Dancing? ____________

d) Wer ist immer optimistisch? ____________________

e) Wer meditiert? ____________________

f) Wer sagt: „In der Ruhe liegt die Kraft“? ____________________

g) Wer möchte wissen, wer der Chef ist? ____________________

h) Was ist auf dem Nullpunkt? ____________________

i) Wohin setzen sich Jan und Tara? ____________________

j) Was machen Locke und Fred? ____________________

k) Wo ist Tara jeden Tag? ____________________

Wortschatz

1. *Suchen Sie die passenden Substantive oder Verben im Text.*

die Meditation		das Essen	
	erklären		applaudieren
das Spiel		das Training	
	distanzieren		kommandieren
die Freude			

2. *Ergänzen Sie die Modalverben.*
müssen*, *können*, *wollen*, *möcht-

a) Die Eltern ________ streng sein.

b) Du ________ es nur ausprobieren. Und du ________ es ________ .

c) Du ________ mit dem Hund trainieren.

d) Phänomenale Idee! Ich ________ das nicht.

e) Ich ________ dieses Monster auf Distanz haben.

f) ____________ du noch ein Glas Wein?

g) Er ________ mit Svenja keine Konversation mehr machen.

h) Locke ist erst 3 Monate bei uns und wir ________ Freunde werden.

i) Hunde – große und kleine – ________ wissen, wer der Chef ist.

j) Wenn man nicht konsequent ist, denken sie, sie ________ der Chef sein.

k) Ich ________ jetzt gehen. Dann bis Samstagmorgen im ‚Hundeglück'.

Grammatik

Imperativ

„Sitz!" und „Komm Locke!" sind Imperative.
2. Person Singular: du kommst → ~~du~~ komm~~st~~ → komm!

1. *Schreiben Sie Imperative.*

a) mit dem Hund trainieren — Trainier mit dem Hund!

b) klare Regeln aufstellen — Stell klare Regeln auf!

c) es ausprobieren ________

d) ein Glas Wein trinken ________

e) in den Park gehen ________

f) das Examen machen ________

g) nicht so aggressiv reagieren ________

h) mit dem Hund spielen ________

i) ein bisschen meditieren ________

j) die Augen zumachen ________

Singular und Plural

2. *Suchen Sie die Formen im Text und schreiben Sie sie in die Tabelle.*

Singular	Plural	Singular	Plural
	die Gläser		die Kommandos
der Buddhist	die Buddhisten	der Impuls	
	die Reste		die Erklärungen
die Toleranzreserve		der Monat	
	die Kräfte		die Themen
der Hund		das Auge	
	die Probleme		die Ideen

11 und 12

Leseverständnis

Eine Antwort ist richtig: ☒

1. Svenja möchte …
   a) mehr Sport machen. ☐
   b) einen Porsche. ☐
   c) eine Psychotherapie machen. ☐

2. Svenja denkt, …
   a) der Pudel hat ein Problem im Kopf. ☐
   b) sie hat ein Problem im Kopf. ☐
   c) ihre Freundin Frauke hat ein Problem im Kopf. ☐

3. Jan möchte …
   a) ein Hundehotel kaufen. ☐
   b) Svenja Tipps geben, damit sie und Locke Freunde werden. ☐
   c) Tante Gabys Testament nicht respektieren. ☐

4. Svenja trägt beim Training mit Locke …
   a) Sportschuhe. ☐
   b) einen Trainingsanzug. ☐
   c) elegante Sandalen. ☐

5. Jan …
   a) arbeitet nachts in der Praxis. ☐
   b) sieht die Realität und ist geschockt. ☐
   c) will Svenja einen Sportwagen kaufen. ☐

6. Auf einer Parkbank sitzen …
   a) Jan und Locke. ☐
   b) Svenja und Gaby. ☐
   c) Tara und Fred. ☐

7. Locke und Svenja sind …
   a) keine Freunde. ☐
   b) in einer Luxus-Hundepension. ☐
   c) melancholisch. ☐

8. Svenja denkt, …
   a) Locke ist sehr intelligent. ☐
   b) sie ist materialistisch. ☐
   c) Jan idealisiert Locke. ☐

9. a) Svenja konzentriert sich nicht auf das Training. ☐
   b) Jan ist fröhlich. ☐
   c) Locke isst gern Herz. ☐

10. a) Jan findet Locke praktisch. ☐
    b) Theorie und Praxis – Locke versteht nichts. ☐
    c) Jan nimmt den Hund mit in die Praxis. ☐

Wortschatz

1. *Suchen Sie das Gegenteil dieser Wörter im Text.*

Montag bis Freitag		optimistisch	
Unordnung		Lösung	
Abend		Ziel	
Hass		Sympathie	
Praxis			

2. *Ergänzen Sie die Definitionen mit Wörtern aus dem Text.*

a) Man diskutiert über ein ______________ .

b) Man probiert etwas, macht einen Test oder ein ______________ .

c) Im ______________ wachsen Bäume und Blumen.

d) Jeder Finger hat am Ende einen ______________ .

e) Profisportler haben jeden Tag viele Stunden ______________ .

f) Eine gute Zusammenarbeit in einem Team ist gute ______________ .

g) Häuser, Wohnungen und Grundstücke sind ______________ .

h) Eine Inspektion ist eine ______________ .

i) Das ______________ pumpt Blut.

j) ______________ sind Schuhe für den Sommer.

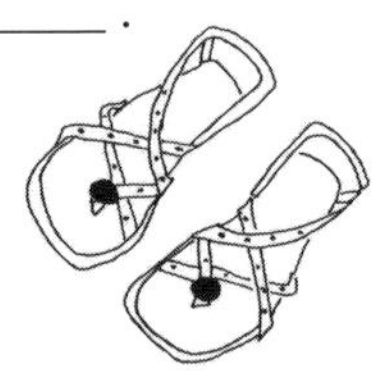

Grammatik

1. *Suchen Sie Sätze mit direktem Objekt im Text und schreiben Sie in die Tabelle.*

	Verb		**direktes Objekt**	
Am Morgen	hat	er	Svenja	attackiert.
Svenja	findet		die Idee	gut.
Ich	möchte		ein neues Auto.	
Meine Freundin	fährt		einen Porsche.	
Du	nimmst		ihn	mit in die Praxis.

2. *Ergänzen Sie nun diese Grammatikregel.*
(k)ein / das / (k)einen / die / den / Akkusativ / die / (k)eine

> Das direkte Objekt steht im ________________.
> Die Definitartikel sind: _____ (Maskulin), ______ (Feminin),
> ______ (Neutrum) und ______ (Plural).
> Die Indefinitartikel sind: ______ (Maskulin), ________ (Feminin),
> ______ (Neutrum) und – / *keine* (Plural).

3. *Ergänzen Sie die Artikel.* **kein/den/keine/–/einen/das/den/der/die/die**

Svenja hasst ______Hund. Und ______ Hund mag ______ Frau auch nicht. Svenja liebt ______ Geld von Tante Gaby und möchte ______ Porsche kaufen. Jan will ______ neues Auto kaufen. Er möchte ______ Hund gut behandeln und er hat ______ Probleme mit Locke. Aber ______ Situation mit Svenja findet er problematisch, denn sie liebt nur ______ Banalitäten.

13 und 14

Leserverständnis

1. *Richtig (R) oder falsch (F)?*

		R	F	Korrektur
a	Svenja will in Argentinien Philosophie studieren.		X	Sie will Luxus-Urlaub machen.
b	Jan und Svenja haben Probleme miteinander.			
c	Svenja ist Jans große Liebe.			
d	Jan spielt mit der Hundepfeife Jazz.			
e	Wenn Locke die Hundepfeife hört, geht er nach rechts.			
f	Der Hund sucht im Gras ein Stück Wurst.			
g	Locke arbeitet bei einem Zirkus.			
h	Der Hund hört Töne, die Menschen nicht hören können.			
i	Der Pudel lächelt in der Praxis.			
j	Für Locke ist die Arbeit mit der Pfeife ein Spiel.			

2. *Suchen Sie im Text und notieren Sie.*

Das will/mag Svenja.	Das will/mag Svenja nicht.
Nach Argentinien fliegen und Luxusurlaub machen	Wanderungen

Wortschatz

Suchen Sie im Text Substantive mit ihren Adjektiven oder Verben.

Substantiv	Verb	Adjektiv
die	lieben	lieb
das	beglücken	
die Praxis	praktizieren	
die und der		pfiffig
die Übung		–
die	arbeiten	–
die	perfektionieren	
das Gehör		

Grammatik

1. *Markieren Sie die lokalen Präpositionen und die Artikel.*
   a) Jan und Locke üben intensiv im Park.
   b) Der Pudel geht links neben Jan an der Leine.
   c) Im Park, in der Praxis, auf der Treppe … Locke macht die Übung perfekt.
   d) „Du kannst im Zirkus arbeiten“, sagt Jan.

Position – Frage: „Wo?“ = lokale Präposition + Dativ
Maskulin: **in dem** (= **im**) Park (an dem = am; auf/neben/unter dem, …)
Feminin: **in der** Schule (an der, auf der, neben der, unter der …)
Neutrum: **in dem** (= **im**) Theater (an dem = am; auf/neben/unter dem, …)
Plural: **in den** Bergen (auf den, neben den, unter den, …)

2. *Ergänzen Sie die Präpositionen und Artikel (Nominativ oder Dativ).*

a) I___ _____ Familie von Jan gibt es alte Konflikte.

b) Es ist ein fantastischer Herbst i___ _____ Schwarzwald.

c) Jan liebt lange Wanderungen i___ _____ Natur und genießt a____ ______ Aussichtsplattform den Blick.

d) Mit stark Wiener Akzent liest ____ Notar i___ _____ Testament.

e) „____ Hund hat ein Problem i____ _____ Kopf", sagt Svenja.

f) Locke sitzt a____ _____ Terrasse.

g) Locke muss i___ _____ Garten leben, denn i___ ____ Wohnung macht er alles kaputt.

h) Vielleicht muss ____ Hund bald i___ ________ Hundehotel leben.

i) Locke sieht i___ _____ Augen von Svenja Hass.

j) _____ Hund geht links n______ ______ Mann.

k) Svenja fühlt sich i____ ______ Kino nicht wohl.

l) ____ Pudel macht die Übung auch a____ ______ Treppe.

m)I___ ______ Praxis behandelt Jan Patienten.

n) Akrobaten und Tiere arbeiten i___ _____ Zirkus.

o) Jan und Locke meditieren a____ _____ Parkbank.

15

Leseverständnis

1. *Suchen Sie die Antworten im Text.*

a) Was machen Svenja und Jan zusammen? ____________________

b) Wo ist Locke? ____________________

c) Wer hat viele neue Freunde? ____________________

d) Wer spielt? Und wo? ____________________

e) Wohin geht Svenja gern? ____________________

f) Wie denkt Svenja über Jan? ____________________

g) Was macht Jan mit Tara? ____________________

2. *Wie endet der Roman? Was denken Sie? Schreiben Sie einen Text (40 Wörter).*

Wortschatz

Welches Verb passt zu welchem Substantiv? Verbinden Sie.

Die Tasche	bleiben
Mit dem Hund	treffen
Picknick	trainieren
Nach Freudenstadt	ausgeben
Geld	sprechen
Freunde	nehmen
Im Garten	fahren
Über Gott und die Welt	machen

Redewendung

„Über Gott und die Welt sprechen“ ist eine Redewendung.
Was bedeutet sie?

Grammatik

Personalpronomen im Nominativ und Akkusativ

Ergänzen Sie.

1.

Nominativ	ich	du	er	sie	es	wir	ihr	sie / Sie
Akkusativ			ihn	sie	es		euch	sie / Sie

2. Zwischen Jan und Svenja ist die Atmosphäre nicht ideal. Seit ein paar Wochen leben _____ in einem emotionalen Vakuum. Svenja findet Jan uninteressant und sie liebt ______ nicht mehr. _____ hat neue Freunde und Freundinnen. Jans Hobby ist Locke. _____ sind oft im Park. Aber Jan sucht heute den Kontakt zu Svenja: „_____ müssen reden. Über _____, _____ und _____“, sagt Jan, „und über Locke – über ____ müssen wir auch sprechen. Und _____ müssen testen, wie _____ mit Locke klarkommst. _____ machen am Sonntag eine Tour zum Friedrichsturm.“

   Svenja möchte eigentlich lieber in Boutiquen, aber _____ braucht Geld. Und Geld gibt ____ nur, wenn Locke nicht in die Hundepension muss. ____ weiß: ____ muss Energie und Zeit investieren. „Okay. _____ können am Sonntag nach Freudenstadt fahren. ____ trainiere dann ein bisschen mit ihm. Vielleicht liebt er ______ dann.“

   „Und ____ machen ein Picknick am Turm – wie in alten Zeiten. Was meinst ____? Wir kaufen ____ alles für ein Picknick.“

   Nein, nein – Jan, dieser Softie, denkt Svenja. ____ irrt.

16

Leseverständnis

Eine Antwort ist richtig: ☒

1. a) Das Wetter ist sehr schlecht. ☐
   b) Heute ist Mittwoch. ☐
   c) Die Sonne scheint. ☐

2. a) Viele Leute sind am Friedrichsturm. ☐
   b) Nur wenige Familien und Paare sind am Friedrichsturm. ☐
   c) Ein Paar mit drei Kindern ist am Friedrichsturm. ☐

3. a) Eine Bank ist 5 Meter lang. ☐
   b) Jan will Kontakt mit Leuten, denn er braucht Zeugen. ☐
   c) Jan spielt mit zwei Kindern Ball. ☐

4. a) Svenjas linker Wanderschuh hat Wurstaroma. ☐
   b) Jan hat Wurst mit viel Aroma für das Picknick gekauft. ☐
   c) Locke frisst Wurst. ☐

5. a) Alle hören die Pfeife. ☐
   b) Nur Hunde hören den Pfiff. ☐
   c) Locke hat Probleme mit seinen Ohren. ☐

6. Wer ist auf dem Turm?
   a) Jan, Svenja und Locke. ☐
   b) Locke und Svenja. ☐
   c) Jan und Locke. ☐

7. a) Jan gibt Locke mit der Pfeife ein Signal. ☐
   b) Locke bellt. ☐
   c) Jan macht mit der Pfeife Musik. ☐

8. a) Svenja fällt über Locke. ☐
   b) Locke ist tot. ☐
   c) Jan hat einen Schock. ☐

9. a) Locke hört das Signal nicht. ☐
   b) Jans Trick funktioniert. ☐
   c) Der Krankenwagen bringt zwei Kinder ins Krankenhaus. ☐

10. a) Jan rennt nicht zum Friedrichsturm. ☐
    b) Viele Leute rennen zum Friedrichsturm. ☐
    c) Locke rennt zum Friedrichsturm. ☐

11. Svenja ist tot, denn …
    a) die Wurst des Picknicks war nicht gut. ☐
    b) Locke attackiert Svenja und sie blutet sehr. ☐
    c) Svenja ist auf der Treppe über den Pudel gefallen. ☐

Wortschatz

1. *Suchen Sie die Synonyme im Text.*

Menschen		Ferien		Beweise	
Gespräch		Geruch		Dame	
Zeichen		Aussicht		Herr	

2. *Die Verben im Text sind durcheinander.*
   Korrigieren Sie und vergleichen Sie dann mit dem Romantext.

Die Sonne genießt. Es ist Sonntag. „Huhu! Wir laufen hier oben! Locke ist super neben mir“, hält Svenja und ruft mit der rechten Hand. In der linken winkt sie Locke an der Leine. Sie spielt auf der 25 Meter hohen Panoramaplattform des Friedrichsturms. Viele Leute – vor allem Familien und Paare – sind hier und scheinen das Panorama.

„Hallo Svenja!“ Jan steht zurück. Fast ein bisschen melancholisch. Er sagt unten. Svenja möchte, er denkt das Picknick vorbereiten. Neben Jan spielt ein Paar mit zwei Kindern Ball.

„Huhu!“, sagt Jan zum Turm und ruft dann zu einem Paar, das 5 Meter von ihm auf einer Bank wohnt: „Meine Frau Svenja sitzt das Panorama.“

„Ja, unser Schwarzwald ist sehr schön“, will die Frau. Und der Mann: „Wunderbar. Und die Sonne heute – fantastisch. Was sagt man mehr?“

„Wir machen, wo andere Urlaub arbeiten“, sagt Jan, denn er muss ein bisschen Konversation sehen. Er präpariert am Mord ohne Indizien. Dann picknickt er wieder zu Svenja hinauf und sieht: „Komm! Wir wollen gehen.“

Nur noch wenige Minuten, dann … Am Morgen hat er Svenjas Wanderschuh präpariert – die linke Seite prophylaktisch mit Wurst gepicknickt. Dieses Aroma sagt Locke. Und mit diesem Aroma kann der Hund Svenja an seiner Seite sehen.

Und dann beginnt alles sehr schnell. Er ruft Svenja, die von der Plattform mit Locke an der Leine zur Treppe winkt und geht, die rund 200 Stufen im Turm nach unten zu spielen.

Die Familie neben Jan rennt Ball. Das Paar auf der Bank spielt gerade Brote aus. Die nur vier Zentimeter lange Hochfrequenzpfeife in Jans Hand und – für eine Sekunde – an seinem Mund kann niemand. Nur der Hund im Turm kann es sehen: Jan nimmt Locke das Signal.

„Hiiiiiiiiiiiiiiiiiiiiiilfe!“

„Oh wie schrecklich – eine Frau – auf der Treppe – überall Blut …“ Panik rennt aus.

Jan und alle anderen Leute hören zum Turm. Locke sieht aus dem Turm zu Jan.

Grammatik

Partizip Perfekt der Verben auf „-ieren"

Im Text steht:
Am Morgen hat er Svenjas linken Wanderschuh präpariert.

1. *Welche Verben mit der Infinitiv-Endung „-ieren" kennen Sie?* tolerieren, riskieren, ...
2. *Ergänzen Sie in der Regel:* ***-ieren / Perfekt / ge- / -t***

> Das Partizip __________ bilden die Verben mit der Infinitiv-Endung _______ ohne Präfix _____ und mit ____ am Ende.

3. *Schreiben Sie die Sätze im Perfekt*

Beide improvisieren gern beim Jazz. ______________________

Svenja reagiert aggressiv. Svenja hat aggressiv reagiert.

Der Hundefrisör frisiert Locke. ______________________

Svenja lackiert ihre Nägel. ______________________

Jan und der Hund trainieren viel. ______________________

Jan korrigiert den Pudel geduldig. ______________________

Locke apportiert gern. ______________________

Jan idealisiert Locke. ______________________

Konflikte existieren immer. ______________________

Svenja kompensiert das Fehlen von Liebe mit Luxus. ______________

Die Situation deprimiert Jan. ______________________

Svenja konzentriert sich beim Training nicht. ______________

... und zum Schluss

Welche Überschrift passt zu welchem Kapitel? Schreiben Sie die Kapitelnummer hinter die passende Überschrift.

1. Svenja und Jan planen ein Picknick __ Svenja möchte Tante Gabys Erbe __ Jan hat eine Idee __ Svenja will nicht mit Locke trainieren __ Jan nimmt das Erbe an __ Svenjas Ende __ Locke macht alles kaputt __ Das Training mit der Pfeife beginnt __ Tante Gaby ist tot __ Jan und Svenja beim Notar __ Für Svenja ist Locke ein Problem __ Tara, Jan, Locke und Fred im Park __ Svenja will einen Sportwagen __ Jan findet Svenja egoistisch und materialistisch __ Der Notar ruft an __ Totale Harmonie __
2. *Was meinen Sie – wie geht die Geschichte von Jan und Locke weiter? Schreiben Sie Kapitel 17.*

Lösungen

Titelbild: die Blume, der Schmetterling, die Kette
Seite 3: der Mond, der Vogel, der Stern, die Person, der Weg
Titelbild und Illustration Seite 3: der Hund, der Baum, der Pilz

1

Leseverständnis 1-c 2-c 3-a 4-b 5-b 6-b 7-a 8-c 9-c 10-b
Wortschatz attraktiv / intelligent / lang / süddeutsch / zusammen / wunderbar / emotional
Syntax
a) Svenja und Jan sind das ideale Paar.
b) Beide essen am liebsten Kartoffelpüree.
c) Sie tanzen manchmal Tango.
d) Sie können über alles sprechen.
e) Sie fahren manchmal nach Freudenstadt.
f) Das Paar genießt das Panorama.
g) Svenja und Jan lieben diesen Turm.
h) Der Blick auf die Stadt ist fantastisch.
Recherche 2. Tannen sind im Sommer und im Winter grün.

2 und 3

Leseverständnis
1. b) **R** c) **F** Die Bäume sind rot und gelb. d) **R** e) **F** Er ist Psychotherapeut. f) **F** Jan telefoniert im Haus. g) **F** Jan macht ein Poker-Face. h) **F** Svenja imitiert Jans Patienten. i) **F** Sie ist tot. Ihr Notar ruft an. j) **R**

Wortschatz
1. a) Kaffee b) Touristen c) Tasse d) Gesicht e) Feiertag f) Küche
2. a) sitzen b) lieben c) lachen d) glauben e) suchen

Grammatik
1. die Touristen / die Brezeln / das Museum / die Jahre / die Tasse / die Gedanken / das Telefon / die Personen / der Garten / die Minuten / der Schrank / die Tannen / der Feiertag / die Tante / die Patientin / die Menschen / das Gesicht / die Probleme / der Moment / die Freunde / der Mann / die Flüge / das Risiko / die Kinder / das Haus / die Bäume / der Notar / die Konflikte / der Computer / die Panikattacken / die Angst / die Indizien / der Therapeut
2. b) Svenja versucht in seinem Gesicht zu lesen. **Verb:** versuchen. c) Wer ruft uns am Feiertag um 3 Uhr an? **Verb:** anrufen. d) Svenja steht auf, geht ins Haus und macht den Computer an. **Verben:** aufstehen und anmachen
3. Verben mit den Präfixen *auf-* und *an-* sind trennbar. Verben mit Präfix *ver-* sind nicht trennbar.
4. a) Leute mit Alzheimer vergessen fast alles. b) Wir wachen sonntags immer sehr spät auf. c) Wir stehen sonntags um 10 Uhr auf. d) Ich verstehe kein Wort. e) Der Bus kommt um halb 8 an. f) Samstags räume ich immer meine Wohnung auf. g) Der Apotheker verkauft Medikamente. h) Tina will fernsehen und macht den Fernseher an.

4 und 5

Leseverständnis a) J b) N c) J d) S e) J f) S g) N h) S i) J j) N k) S l) J m) J n) N
Wortschatz die Hundepension / das Wochenende / der Hundefrisör / das Bankkonto / das Mineralwasser / der Tierarzt / die Tierschutzorganisation
Grammatik spricht – nehmen – liest – mag – wissen – schläft – weiß – nehmen – nimmt

6

Leseverständnis 1 c + e / 2 b + d / 3 a + c / 4 b + c / 5 b + e

Grammatik
1. Schreiben Sie 12 Nomen: z.B. Frage, Bluse, Brille, Straße, Flasche, Dose, Krise, Katze, Zunge, Tasche, Lampe, Nase …
2. a) eine b) das c) eine d) eine e) ein f) eine – die g) eine h) eine i) die j) eine – eine

7

Leseverständnis
b)**R** c) **F** Sie lackiert ihre Nägel. d)**F** Sie geht gern shoppen. e) **F** Er geht mit Locke in den Park. f) **F** Die Vitrine, die Vase und der Stuhl sind kaputt. g) **R** h)**F** Sie möchte einen süßen Hund haben. i)**F** Svenja kocht. j)**R**

Wortschatz
1. Mimose – Bestie – Macho – Monster – Tyrann
2. aggressiv / das Problem / interessant / die Panik / nervös / die Bewegung / normal / das Chaos / schön / der Monat / tot / der Rest / spät / die Locke

Grammatik
1. a) nicht b) keine c) keine d) nicht e) nein – nicht f) keine g) kein
2. Negation von Indefinitartikel: *kein/keine/keinen*
   Negation von Verben und Adjektiven/Adverbien: *nicht*
3. keine / keine / nicht / kein / nicht / nicht / nicht / nicht / kein / nicht / nicht / keine / nicht / nicht

8

Leseverständnis a) J b) S c) J d) S e) J f) S g) J h) J i) S j) J k) S l) J m) S n) J

Wortschatz lieb / kurz / konsequent / klar / falsch / unkontrolliert / konkret / unlogisch / persönlich / wild / objektiv

Grammatik
-ik: Hundepädagogik, Panik, Esoterik; **-ung:** Wohnung; **-tät:** Nervosität, Aggressivität; **-ie:** Immobilie, Ironie, Hierarchie, Familie, Energie, Psychologie; **-tur:** Korrektur;
-ion: Situation, Kommunikation, Reaktion; **-keit:** Persönlichkeit
Andere Substantive z.B.: Musik, Politik, Grammatik, Physik, Mathematik – Zeitung, Heizung, Richtung, Übung, Endung – Solidarität, Universität, Qualität, Fakultät, Loyalität – Sympathie, Demokratie, Biologie, Geografie, Apathie – Konjunktur, Tinktur, Reparatur, Inventur, Diktatur – Aktion, Demonstration, Fraktion, Sensation, Religion – Freundlichkeit, Neuigkeit, Sachlichkeit, Verständlichkeit, Männlichkeit.

9 und 10

Leseverständnis
a) Der Hund/Dobermann von Tara Leicht. b) Für Svenja Fröhlich. c) Tara Leicht und Fred. d) Jan Fröhlich. e) Jan und Locke. f) Die Buddhisten/Jan. g) Große und kleine Hunde. h) Jans Toleranzreserven. i) Auf eine Bank. j) Sie spielen Ball. k) Im Park.

Wortschatz
1. meditieren / die Erklärung / spielen / die Distanz / freuen / essen / der Applaus / trainieren / das Kommando
2. a) müssen b) musst – musst – wollen c) musst d) kann e) will f) Möchtest g) möchte h) müssen i) möchten j) müssen k) muss

Grammatik
1. c) Probier es aus! d) Trink ein Glas Wein! e) Geh in den Park! f) Mach das Examen! g) Reagier nicht so aggressiv! h) Spiel mit dem Hund! i) Meditier ein bisschen! j) Mach die Augen zu!
2. das Glas / der Rest / die Toleranzreserven / die Kraft / die Hunde / das Problem / das Kommando / die Impulse / die Erklärung / die Monate / das Thema / die Augen / die Idee

11 und 12

Leseverständnis 1-b 2-a 3-b 4-c 5-b 6-a 7-a 8-c 9-a 10-c

Wortschatz
1. Wochenende / Ordnung / Morgen / Liebe / Theorie / pessimistisch / Problem / Weg / Antipathie
2. a) Thema b) Experiment c) Garten d) Nagel e) Training f) Kooperation g) Immobilien h) Kontrolle i) Herz j) Sandalen

Grammatik
1. Und es gibt nur einen Weg. Heute Abend beginne ich das Training. Dieser Hund hat keinen Respekt vor mir. Du musst den Hund führen. Jan will Svenja motivieren. Sie gibt das Kommando. Dann hast du negative Energie. Du idealisierst Locke. Sie kompensiert das Fehlen von Liebe mit Luxus. Sie liebt Banalitäten.
2. Das direkte Objekt steht im Akkusativ. Die Definitartikel sind: *den* (Maskulin), *die* (Feminin), *das* (Neutrum) und *die* (Plural). Die Indefinitartikel sind: *(k)einen* (Maskulin), *(k)eine* (Feminin), *(k)ein* (Neutrum) und - / *keine* (Plural).
3. den der die das einen kein den keine die -

13 und 14

Leseverständnis

1. a) **F** Sie will Luxus-Urlaub machen. b) **R** c) **F** Er liebt seine Frau nicht mehr. d) **F** Er gibt Locke Kommandos. e) **R** f) **F** Jan gibt Locke ein Stück Wurst. g) **F** Jan findet, Locke kann im Zirkus arbeiten. h) **R** i) **F** Viele Patienten lächeln in der Praxis. j) **R**
2. Das will/mag Svenja: exklusiv reisen, den neuesten und größten Fernseher kaufen, in Jazz-Klubs tolle Leute treffen, nach Argentinien fliegen und Luxus-Urlaub machen, Golf spielen. Das will/mag Svenja nicht: Wanderungen, ins Kino gehen, mit Jan zu Hause Klarinette spielen, Tango tanzen, Mini-Golf spielen

Wortschatz

Liebe – Glück, glücklich – praktisch – Pfeife, Pfiff, pfeifen – üben – Arbeit – Perfektion, perfekt – hören, hörbar

Grammatik

1. a) im b) neben – an der c) im – in der – auf der d) im
2. a) In der b) im c) in der – auf der d) der – in dem e) Der – im f) auf der g) im / in der h) der / im i) in den j) Der – neben dem k) im l) der – auf der m) In der n) im o) auf der

15

Leseverständnis

1. a) Sie frühstücken zusammen. b) Locke ist im Garten. c) Svenja hat viele neue Freunde. d) Fred und Locke spielen im Park. e) Svenja geht gern in Boutiquen, zum Frisör, auf Partys. f) Sie denkt, er ist ein Softie. g) Jan flirtet mit Tara.

Wortschatz

Die Tasche nehmen / Mit dem Hund trainieren / Picknick machen / Nach Freudenstadt fahren / Geld ausgeben / Freunde treffen / Im Garten bleiben / Über Gott und die Welt sprechen

Redewendung: Lange über viele Themen sprechen.

Grammatik

1. mich / dich / uns
2. sie / ihn / Sie / Sie / Wir / mich / dich / uns / ihn / wir / du / Wir / sie / es / Sie / Sie / Wir / Ich / mich / wir / du / uns / Sie

16

Leseverständnis 1-c 2-a 3-b 4-a 5-b 6-b 7-a 8-a 9-b 10-b 11-c

Wortschatz

Leute / Konversation / Signal / Urlaub / Aroma / Panorama / Indizien / Frau / Mann

Grammatik

1. fotografieren, operieren, reparieren, studieren, rasieren, probieren, radieren, manipulieren, koordinieren, renovieren ...
2. Das Partizip Perfekt bilden die Verben mit der Infinitiv-Endung *-ieren* ohne Präfix *ge-* und mit *-t* am Ende.
3. Beide haben gern beim Jazz improvisiert. Svenja hat aggressiv reagiert. Der Hundefrisör hat Locke frisiert. Svenja hat ihre Nägel lackiert. Jan und der Hund haben viel trainiert. Jan hat den Pudel geduldig korrigiert. Locke hat gern apportiert. Jan hat Locke idealisiert. Konflikte haben immer existiert. Svenja hat das Fehlen von Liebe mit Luxus kompensiert. Die Situation hat Jan deprimiert. Svenja hat sich beim Training nicht konzentriert.

und zum Schluss

Zahlen hinter den Überschriften: **15, 5, 13, 8, 6, 16, 7, 14, 3, 4, 9, 10, 11, 12, 2, 1**

1 Totale Harmonie **2** Der Notar ruft an **3** Tante Gaby ist tot **4** Jan und Svenja beim Notar **5** Svenja möchte Tante Gabys Erbe **6** Jan nimmt das Erbe an **7** Locke macht alles kaputt **8** Svenja will nicht mit Locke trainieren **9** Für Svenja ist Locke ein Problem **10** Tara, Jan, Locke und Fred im Park **11** Svenja will einen Sportwagen **12** Jan findet Svenja egoistisch und materialistisch **13** Jan hat eine Idee **14** Das Training mit der Pfeife beginnt **15** Svenja und Jan planen ein Picknick **16** Svenjas Ende